EL FIN QUE ME ES EXTRAÑO

José Luis García Ameijenda

COLECCIÓN ITES

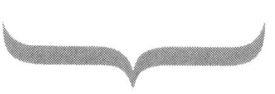

EL FIN QUE ME ES EXTRAÑO

© José Luis García Ameijenda
© Revisado y corregido por Cristina Illamola
© de esta edición: Olé Libros, 2024

ISBN: 978-84-10053-75-5
Depósito legal: V-3874-2024
Impreso en España

KALOSINI, S. L.
Grupo editorial olélibros
equipo@olelibros.com
www.olelibros.com

EL FIN QUE
ME ES EXTRAÑO

Desnúdame de mí, que ser podría
que a tu piedad pagase lo que deuo.
FRANCISCO DE QUEVEDO, *HERÁCLITO CRISTIANO*

Y yo le di de hecho
a mí, sin dejar cosa.
SAN JUAN DE LA CRUZ, *CÁNTICO ESPIRITUAL*

¿Por qué no buscas armas más seguras,
y te pones a salvo de la ruina
con medios más felices que mis versos?
WILLIAM SHAKESPEARE, *SONETOS*

DE POR VIDA

Concede figura reconocible al desorden
que sin la entretela de tus ojos no tuviera,
confía, posa tu mano sobre los bordes
y di por derecho propio un nombre cualquiera.

Habrán cobrado las manos de los hombres
de por vida el exhalo de las hortensias.

No creía en ti

No creía en ti,
pero ya no te ofrezco resistencia.

—Los pájaros esperan hambrientos
la llegada del nuevo hijo del hombre—.

Sin que parezca que te necesito

Creo en tu obra,
admiro la manera de ocultarte en ella,
también en mí
sé que te guardas.

No te gustará este modo de llevarte conmigo
a fuerza de circunstancia,
pero así nada más sé andar mi camino.

Me gustaría creerte a semejanza
de aquellos hombres que te han querido,
mas no les alcanzo en esfuerzo ni en suspiro.

Sabes que duermo tranquilo y no habrás
de entregarme temprana muerte
porque vea y entienda lo suficiente.

Estoy buscando el modo de llamarte
sin que parezca que te necesito.

Estoy sirviendo

Con mi tristeza estoy sirviendo al sentimiento de belleza
que inspira en ti mi nacimiento.

Puedo parar en seco a beber el agua de mi propia fuente
y seguir sediento
y seguir sin verte.

El invento

Es tu flor el invento que al hombre le falta,
la espuma que nunca saldrá de su boca,
la daga que lo sujeta, la verdad que lo espanta.

Eres el ejemplo del ser sufriente que ama,
pero de tus pechos hermosos no sale dulce la leche.

LA SAVIA DE LO MUERTO

A qué de los ríos y de los mares,
a qué de los humedales,
a qué del nacimiento de los niños,
del amor y las pleamares,
a qué del dolor con su suspiro,
si no fuera para subir a tus hombros
como a la copa de los pinos.

«Acaso no ves que la cruz
ha de pasar la noche conmigo
para volver de nuevo a tu cuerpo
y despertar su sonido,
pues canta con ella, no seas mal nacido;
desayuna al amor de los días concebidos
y no digas más
que tienes prisa por morir
cuando a tu hijo llevas de la mano,
no le arrastres al final del camino
sin que pueda su corazón descubrirlo
por sí mismo».

«No seas ignorante, no te seas dañino,
recuerda
que lo que tú hayas pensado
lo supe yo antes y con todo te cosí
al abrigo de aquestos vendavales,
al cierzo como si fuera tu destino».

«¿Acaso puedo hacer otra cosa
de lo que la bondad me manda?»

«Tanto como tú
ignoro lo más importante,
eso me inflama a empujar
sin decirte nada.
No puedo entregarte
sino lo que es mío».

«¿De dónde saqué los ingredientes,
de dónde el alimento,
y aun si fueras tú el motivo
de tal padecimiento,
y aun si fueras tú
verdadero dueño de todo esto?
¿De qué nos valdría entonces
este mundo perecedero,
de qué me serviría a mí saberlo?
¿No serás tú el vivo y yo el muerto,
no iremos ambos de la mano
en este baile incruento?
¿Qué es el después o el antes que fue,
si nada puedes imaginar fuera de mí?».

—La nada es el descanso al que atenernos—.

«No tengas prisa por saber
lo que todavía no está hecho,
trabaja desde tus adentros y sácame de aquí
con las flores de tu pecho.
Levanta torres y orna puertas,
vierte almas que se agiten en los lienzos,
conmueve con tus dulces dolores
la expresión de los nuevos vientos,
que tus sinsabores sean las mansiones

de los vivos y de los muertos,
hazte libre de tan sujeto movimiento
y que todas vuestras almas se prodiguen al unísono,
que tu cuerpo balancee sin dudar,
que la silla cruja su parto macilento,
¡y porta el testigo con valentía,
álzalo descubierto e ilumina con él
acantilados y cerros,
sé el verdadero responsable
de lo que todos llevan dentro
y no mires más arriba...».

«No olvides dar de comer al resto
con el diezmo de tu cuerpo».

«No olvides mojar tus labios
con la savia de lo muerto».

Su temprana muerte

Allí donde la verde brizna es besada por el sol
a ningún fin sirve mejor
que a su temprana muerte.

DE SABERME A TU LADO

Me mueves el brazo
cuando de noche duermo,
me alejas de ti con tu mano,
me empujas al suelo.
Luego recoges el llanto
y todo se vuelve obsceno.
Me traes a la vida con los ojos abiertos
para no entender nada
de lo que a mí me viene ocurriendo,
inauguras el camino del paso torcido que llevo,
me asustas callando y tampoco te entiendo,
a menudo parece que me amas,
en la doblez de tu sábana lo siento.

Escucho que me niegas y que te lo guardas,
que estés a cubierto me infringe miedo,
me indicas, me señalas,
me quitas de la vista lo que dices con palabras,
mas luego lo enseñas a golpe de sentimiento,
me robas las razones a yelmo descubierto
y soplas ligero,
desapareces a menudo y en otros te veo,
enloquezco de saberme a tu lado
tan poco, tan débil,
tan huero.

Y CUMPLO SIN REMEDIO TUS PLANES

Pasa la mano por mi ceguera para que duerma.
Nada noto de ti
que en mí resplandezca,
me dices cosas en bajo
que luego no recuerdas
pretendiendo que escoja y asienta.

Y cumplo sin remedio tus planes
a cambio de nada,
o de ser poco más que un hombre
que ignora y espera.
Tu consejo pende de mí
como ave que aletea sin fuerza.

He quedado dormido olvidando la tarea
que traía entre manos,
meciendo en mi cabeza tu tierna canción.

Vuelvo cada noche hacia ti

Y vuelvo cada noche hacia ti
en la cama con mi familia.
Durmiendo ahora están las dos
con la ventana abierta.
Del resto queda poco
que pueda respirarse en mi conciencia.

En dos personas amo
lo que huelo en cientos de ellas.

LA MUERTE QUE SE LEVANTA

Erguido torcal que se incline a la blancura
como cerviz que se hunde en el agua
hasta que se sacia,
redondez diurna que termine en tu cintura
cubriendo la doncellez de un alma
sucia y sabia;
es la muerte que se levanta
a empujar el corazón a su sepultura.

Esta tierra arrogante

Qué rompimos que tanto amabas
en el comienzo de los días,
qué mal hubimos de hacer
para que así nos castigaras,
como niños que ríen o juegan
hasta que pisan tu consuelo.

¿No fue excesivo tu castigo,
no lo veías venir de lejos
como nubarrón sobre el hombre
que su mismo cuerpo esconde?

Tú nos pusiste la piedra en el camino.
Fuimos nosotros quienes caímos en esta tierra de martirio,
donde el sudor nos nutre
y el cansancio nos calma,
donde el sol nos levanta
y la noche sacude su manto esmeralda,
a qué tanta esperanza
a qué tanto camino que no conduce a nada,
consumiéndose el alma en desbrozo,
¿acaso no te cansas como nosotros,
acaso padeces por tus hijos
como el miedo a menudo los quebranta?
¿Acaso te hallas tan solo
que no encuentras en ti la palabra?

Por la felicidad anda el hombre,
por la alegría olvida su condición
y no muestra respeto a los sagrados sitios.

Ha querido admirar desde el suelo
sus propias obras.
Ha sido como un regalo
que no ha llegado a entregar en destino.
Qué lejos queda el cielo de esta tierra arrogante.

NOS COGERÁ UN SUEÑO

Nos cogerá un sueño a media tarde
que tañendo a nuestros hijos por la mano
ya nunca podamos despertarles.

¿En qué habremos empleado nuestro tiempo,
cómo soportaremos de ahora en adelante
el tener que decirles
y no poder hablarles?

Acabar el día

Tengo prisa por acabar el día
y poder comprobar el tamaño de mi cabeza,
tenue es el color de la cuerda de tu persiana
con la que dar fin a la fe
antes de que me nazca.

Del suelo

En un ir y venir de palomas
que tomen del suelo
la miga infecunda de tu palabra.

TU CORAZÓN DE MIES

No apagues este sueño liviano
que mejor no puedo ser,
tampoco quiero intentarlo,
si he de ser lo que no quiero,
buen sabio, mejor sea dejarlo.
Si he de convencerme,
quizá no llegue a ser bueno.

¿Por dónde he de mirar las cosas
para sorprenderte en ellas callando,
huidizo ciervo de bosques y prados?

¿Por dónde poder caminar
y sentir tronchar a mis pies
tu corazón de mies angustiado?

Nada hay en nosotros

Haces oídos sordos a nuestros ruegos,
escuchas nuestro caminar
con las manos metidas en tu chaqueta
sujetando lo que el hombre anhela
mucho antes de que lo sepa.

Deja abierta la verja
para que podamos soltar nuestros bultos,
pedir al dueño de la casa
un vaso de agua fresca;
enciéndenos el candil de tu antesala,
deja que aflojemos nuestra vestimenta,
observa que nada hay en nosotros
que pudiera ya recordarnos tu voz sincera.

Miedo y risa nos da encontrar algo
que se nos parezca.

LA MANERA DE HACERTE JUSTICIA

Hubo un día en que yo no estaba.
¿Y dónde estaba yo aquel día
si tanto te interesaba?
Habría de estar creciendo en tu pensamiento.

Acaso fuera tu interés la falta del mío
en las palabras que te rezan.
Acaso fuera el sentido del arte
la manera de hacerte justicia.

Los hombres buenos

Palabras maduras que caen por su peso
y no alimentan más
que a la tierra que las obsequia.
Acorde silencio que contempla de lo eterno.

¿En verdad hubo un día
en que estuvieron verdes los hombres buenos?

LES ESTORBA

¿De qué merecen las personas que se les quiera tanto,
merecen acaso este amor sobrehumano?
Su alegría me produce tristeza; su tristeza, llanto.
Tienen motivos suficientes para hacer lo contrario
de lo que deben.
A mí se parecen tanto...
que me duele verlos juntos comiendo del mismo plato.

Aquello que les alimenta
también les estorba.

En este estado

Un poco menos mediocre podías habernos terminado
si no fuera
porque en vano intentaste hacernos buenos,
y después de todo
hay que agradecer los cinco dedos de la mano.
¿Qué esperas de mí
para mantenerme en este estado?

Todo se está cayendo

Echaré en falta la vejez,
los inviernos de la alegría,
los veranos de la escasez.

Todo se está cayendo,
solo sigue en pie el pasado.

¿PODRÁ RECONOCERME?

Vendrá Dios a verme y no estaré vestido ni peinado.
¿Podrá reconocerme salido de su mano?

DOS SIN ROSTRO

La Naturaleza tiembla,
nunca se vuelve enojada;
la Naturaleza respira sin que nadie pueda vigilarla,
acaso sea el seno de la tierra el dedo que me señala;
a veces la siento cuando me muevo,
quizá sea ella la que se altera,
cuando hablo... ¿soy yo el que digo?
¿Es por ella por la que vago?
¿Puede su dibujo ser representado?
¿La voluntad es cosa mía?
No lo tengo claro.
¿No seremos dos sin rostro
que se duermen de la mano?
¿Me hará ella estas preguntas?
¿Me estará necesitando?
Ojalá despierte cuando hayamos terminado,
sin motivo para verla,
sin vestido sus encantos,
ojalá concluya bien
lo que bien hubo empezado.

DE SUS LABIOS

Con tan poco que decir
que no pueda hallarse su mensaje
en la comisura de sus labios.

Nunca aciertas

¿Por qué sin calor me destapas,
por qué el viento me sacude la cara,
por qué, antes de medianoche,
me llevan tus pasos hacia la cama,
por qué me señalas y nunca aciertas?

ALGUIEN VENDRÁ

Es el alma la que ha muerto...
Su huida desesperada
ha dejado la carne al descubierto,
es el jirón de la materia
lo único que queda de cierto
como agua que resbala nutriendo.

Alguien vendrá con otros rasgos
dándole cuerpo a mi aliento.

DE FALTAS

En tu odre esmeralda he guardado
lo que ya no cabía en ningún lugar,
no traían cántaro mis prisas
ni enmudecía al contacto mi habla,
buscaba tu recipiente entreabierto
mi cuerpo ungido de faltas.

Duda

No hay duda del hombre
que sepa saltar el escollo
que bajo el agua respira la impaciencia.

DE QUÉ ME PROTEJO

Puedo escuchar verter en el fondo
la sustancia de tu cáliz espeso.
¿Por qué no acercas de una vez tu bacía a mi cuello?

No quisiera tocar nada de este nuevo mundo
sin llevar la mano en el pecho,
como si en cualquier momento
pudiese desplomarme a tierra.
Aún no sé de qué me protejo.

Me agarré a su rodilla

Le tuve en mis manos solo un momento,
no pude estarme quieto con él.
Era verano, después de comer.
El calor golpeaba la ventana.
Le escuché suspirando dolores de parto,
quería que le tocase, lo sé,
con cariñosas manos le puse en pie.
Me agarré a su rodilla para poder escucharlo.
Cayó entonces a tierra su voz
como un hombre sin rasgo.
Plañideras de estilizados trazos tragaban saliva.
De su mejilla colgaba su mensaje;
de su semblante, su temprana muerte.

No poder

Dios tiene boca para besar a los hombres
y no poder decirles nada con los labios.

A HORCAJADAS DE LA NADA

Poder hallar en mi conciencia
un viento que la ensanche y la sorprenda
como si no hubiera más mañana
para mirar las cosas que se mueven
y moverse a dúo con ellas
a horcajadas de la nada.

A su esclavo

Que lo que tenga que bajar
lo haga cuanto antes
y venga a arrimarse a la verja polvorienta,
y quiera besar a su esclavo amante.

El lugar desde el que me hablas

Separa de mí
lo que aún sin ti valga,
alarga la mano
como el toro soporta la llaga,
con suavidad se desangra quien remueve los cielos
sin volver añejos los corazones,
deja que crezca tu flora en mi garganta,
engalana mi cuello
que sabré adivinar el lugar desde el que me hablas,
haz de mí lo mismo que hiciste de ellos,
que no se me noten las faltas,
que el miedo a la noche
me permita cerrar los ojos.

MIS CANTOS OBSCENOS

Entre tus piernas guardé mi veneno.
Ahora parece que me hablas
con el ramo marchito que te puse yo dentro.

¿Cómo solucionar tamaño agravio
sino volviendo?

Guardas la culpa y la vergüenza de mis cantos obscenos.

Pon tus manos sobre mis pies
para que puedan arder como la paja.

LAMENTAR MI GOCE

Quiero aprovechar el día
en el que me hayas vigilado toda la noche.
Seré como el enfermo que no se despierta.

Para que ahora duermas en mi turno,
para que puedas lamentar mi goce.

CUIDADO

La vida es el espacio inerte, sin sentido, donde otros han muerto.
¿En qué me diferencio yo, que estoy vivo?
Camino con cuidado de pisar lo que no veo.

La nada

Soy un poco menos que la nada
por hallar en ella demasiado peso y ningún abrigo.

Qué poco me gusta pronunciar
aquello en lo que me prodigo.

El desconocido

Ningún ser vivo me interesa,
amo solo al desconocido,
al que pongo en cuerpo y lengua
el carácter, la sabiduría
que yo nunca he tenido.

Todo mejor así

Me van pesando las cosas
que un día me hicieron feliz.
Si pudiera quitármelas de encima,
ya nada tendría que decir.
Fuera entonces todo mejor así.

Ninguna ilusión crece en el huerto
cuando el fruto se encuentra a punto
de cumplir.

Cuando pasa

La vida, cuando pasa, duele y no hace ruido.

Sin solución

Quien habla solo nunca sabe si lo hace bien o mal.
Quien habla para los demás nunca sabe si lo hace bien o mal.
Quien calla se duele y tampoco hace nada bueno.

Y EN TORNO A TI

Es la mente la que consume al cuerpo.
Amar es una excusa para no hacerse más viejo.
Amo todo aquello que no puedo imaginar de ti
y en torno a ti siento.

De tu trote maldito

Tomo cosas que un viento ajeno
me convencerá de que suelte.

Me alargas la mano subido a las espaldas
de tu trote maldito y regio.
Y cuando creo que estás
mi columna se encoge como la serpiente.

Entonces más que amor
siento miedo.

CREÍ

¿Por qué no me miran
como les miro yo a ellos?
¿Por qué no están vigilantes,
qué guardan tan importante,
qué camino llevan para que no quieran
parar siquiera un instante?
¿Por qué no me reconocen?
¿De qué cuerda ando huérfano
que en mí no suena
y a otros agita para que me levante?

¿Qué luz creí ver salir de sus manos
y ahora no encuentro?

Pagar mi deuda

Alguien habrá de venir
y pagar mi deuda como si me conociera.

Con torpeza

¿Están las cosas en su no decir
diciéndonos algo?
¿Están acaso para que las ocupemos con torpeza?

Lo que dice el agua por las peñas
y el sigilo ágil de los gamos
lo calla el chorro frío del alivio y la vergüenza.

El amor

El amor es un lugar donde dos seres se conducen por la misma corriente y nadan sin tocarse.
El amor es una pradera donde no hay descanso.

Tu grandeza

Es suficiente con que tu grandeza se presente una vez
para reconocerte y llamarte por tu nombre.

No hace falta que regreses temprano
sabiendo ahora que existes.
Te escucho respirar de noche,
no sé si duermes, cantas o velas.
Contorneas tu cabeza como se mueven las horas.
Fijas la mirada en algún lugar común
agarrado al germen cenital que te sustenta.

Cualquier persona

Ha caído una lluvia silenciosa sobre mí
que insiste en que te quiera;
si no hubieras sido tú,
habría sido el mismo amor el que tuviera.

Cualquier persona... qué excusa más bella.

DE LO FALSA QUE ES MI RISA

Qué lejos me quedan tus maneras.
No eres tú, soy yo el que se quiebra.
No tienes tú la culpa de lo obscena que resulta la batalla,
de lo falsa que es mi risa
y de la pena que produce el escucharte.
Vergüenza de no poder querer como quisiera.

Tu jardín

Siento morir mis flores cada vez que entro en tu jardín.

Con el desprecio

He aprendido más con el desprecio de mis propias palabras
que en la lectura de lo que ignoraba.
En los hombres apaciguo mi ignorancia.

Verbo más cierto

Siempre hay un ave de pelaje más bello,
un hombre de verbo más cierto
que sepa robar la palabra
de tu nido soberano.

ME CONFORMA

Muestra lo que a todos enseñas,
de lo que nadie se sorprende por quedarle tan cerca.
Son tus rugosos borrones
que aseguran que te quiera.
Ostentas tu figura, no la representas.
Lo que a mí me falta
cuelga de tus adornos
y suena cuando te acercas.
Lo que de ti ignoro
me conforma.

Sin conocerte siquiera

Quiero volver al sagrado lugar
que los hombres han levantado,
usar de la violeta sus pétalos
y arrojarlos por los balcones
como en los días de fiesta;
que cursen tus dardos
su breve silencio desesperado.

No lleves a cuestas al hombre
que aún no ha entendido tu nombre
y escucha el deber sin agrado;
deja morir, a su rumbo,
a aquellos que te aman
sin conocerte siquiera.

El escozor de su entraña

Sé menos que esa mujer
que teje de noche su sábana
y siente el escozor de su entraña
cada vez que despierta.

La mitad de su palabra

Dios sopla el tallo de los lirios
para subir el alma hasta sus brazos
y no poder decirles nada
que los devuelva al mismo sitio
con la mitad de su palabra.

Dios no puso pies a sus plantas
porque troncharan con su grito
la raíz de sus espantos.

La soledad

La soledad es el único desecho
que a la tierra no sirve de alimento.

Miro

Miro las cosas desde arriba para no entorpecerme con ellas.

HE LAVADO MIS MANOS

Admiro la nada de mi mano y me siento extraño
de que tenga suficiente
con ella en alto.
No sé qué haría entonces si tuviera algo.

Hoy he lavado mis manos
y he visto que me las habías curado.
Pero el dolor no cesa;
también, como el amor, trabaja.

Exactitud

Con qué belleza se disipa la vida
cuando es arrastrada por el curso de la muerte,
¡con qué exactitud se termina!

En libertad

Siempre hice las cosas porque no tuve más remedio.
De lo que hice en libertad
tampoco me acuerdo.

Ya es un esfuerzo grande
decidirse por algo
que no sea bello.

SE DESENTIENDE

Cuando mi cuerpo de mí se desentiende,
a tierra cae
y sin ruido se desvanece,
no hay brazo que venga y lo sujete.

Cuando mi vida en otro lugar florece
no queda más que soportar
la serenidad de la muerte,
angustia de una victoria
que nada enseña y todo promete.

LA MENTIRA

Oh, siempre he amado la mentira más de la cuenta,
siempre he buscado su sonrisa mientras se daba la vuelta.

Pensar

¿De qué ha de descansar un cuerpo ocioso
si no es del pensamiento que lo vence?
Pensar me debilita
llevándome a la muerte más cansado
de lo que empuja mi vida la costumbre.

¿Qué echaré de menos de mí
cuando no te necesite?

Esta herida

Vuelvo siempre a lamer esta herida
en la que me tienes,
sin que adviertas lo desnudo
que te mueves por detrás,
sin que advierta yo en tu cuello nada más
ese orgullo que me ofrendas
tras rendir mi cuerpo al tuyo.

El destino

El destino es lo que el hombre busca
no teniendo más remedio que encontrar.
Apenas toma apariencia de libertad.

LUEGO NOS VEREMOS

Dios inventó la belleza para que lo siguiéramos.
Tan solo la confió a algunos cuerpos,
a algunos rostros tristes les dijo: «Luego nos veremos»,
irremediablemente tuvo malos pensamientos,
no estaba seguro de lo que estaba haciendo,
pero el fin justifica los medios.

Dios inventó la belleza para que cayéramos.

Tu maldad

No hay lugar para estar vivo
que no quepa en el cuenco de tu mano,
no hay dolor que tu brazo de matrona
no sepa atemperar.
Cuánta verdad que me aprisiona dejándome respirar,
cuánta inutilidad en aquel lugar
del que cuelga tu corona;
nada más que deslumbrar
es lo que has hecho,
como queriendo perdonar tu maldad
original.

Lloro

Lloro por algo que me han quitado
sin haberlo visto nunca.

LOS FRUTOS QUE NUNCA CAERÁN

Los hombres se mueren de la prisa que tienen
cuando llegan a viejos,
de saber que sus pies ya no caen
donde quieren ponerlos.

Los hombres se marchan cansados de mirar
los frutos que nunca caerán
estropeándose en el cielo.

Unos pocos

Solo unos pocos pueden decir
lo que otros son.

Verdadera oscuridad

Será mi muerte verdadera oscuridad
en la que no te tenga que buscar.

El sayón que me pusiste

Qué podría enseñar que fuera mío
y no marchara contigo
al aplauso de estar vivo,
qué tengo en mí que no haya sido tuyo
o que aún no me hayas dicho.
Todavía me vigila el sayón que me pusiste a la espalda.

A NADIE

Lo que no sé
se lo puedo preguntar a cualquiera,
lo que sé
a nadie puedo explicárselo.

Me liberes

¿Acaso no aciertas a ver en mis ojos
lo que tanto me cuesta callar,
no sientes el arrojo de mi suspiro caerle a tu cuerpo?
¿No ves que te esquivo cuando te quiero mirar,
que te obsequio con cualquier cosa de escaso valor
y lo que tanto me agita lo intento ocultar
de vergüenza que lo descubras
y me quiera tu elocuencia tocar?

Mudo estoy porque me liberes.

Sin ser notado

Cómo escapar de tu cuerpo
y quererlo todavía,
cómo no despreciarlo,
cómo no tomarlo en cuenta
sin tirar del lazo que lo sujeta,
cómo salir de él
sin ser notado.

En los ojos

La bondad se termina en los ojos del que la mira.

A TUS PIES

No has querido que suba a la copa
que plantaste en el jardín,
no me has dejado mirar todo este tiempo
más cosas de las que pueda recorrer con una mano,
tan solo esta vida me diste empezada;
no quieres encontrarme agachado sobre la tierra
porque pueda sacar de ella
manojos de la verdad,
prefieres que me tire a tus pies
y te ame a tu manera,
sin conocerte, sin saber cómo vistes siquiera.

Quieres que tus hijos te amen
sin haberles enseñado a andar.

Celebro

Celebro la muerte de lo que no he llegado a decir.

Has dejado de cantar

No hice nada mientras esperabas.
¿Qué haré mañana
que pueda devolverme el tiempo
en el que me amabas?
Has dejado de cantar mientras dormía
y ahora dicen que te has muerto.
He dejado de cantar lo que era mío
para verlo caer por el suelo hecho pedazos.
He tenido que callar lo que no tenía más remedio que romper.
Ahora no hay canción que pueda cubrir
este largo entreacto.

DAR CUENTA

Voy a dar cuenta de lo que mi pecho en ti lamenta,
mas no tengo voz que pueda
tomarle al viento la postura firme del que reza,
conmigo se queda
lo que tampoco era tuyo
y pesa sobremanera.
Te llevaste lejos lo que no sabía que tuviera.

Por qué

Cuánto pesa tu ropa,
cuánto aguanta tu cuerpo,
de dónde vienen los aires de tus lamentos,
dónde aprendiste a poner el talle tan recto,
dónde aprendiste a esperar
mirando de frente con este deseo,
por qué has estado en silencio
dando nombre a las hojas que cogiste del suelo,
por qué te las pones encima,
por qué no me dejas cogerlas entre tu pelo.

Hazlas morir

No te lleves este mal sabor,
perfecto atuendo de la emoción,
no me alejes de mi condición,
no quieras dejar mi ser
en algo distinto de lo que soy.
Es verdad que anhelo lo que no tengo,
que quiero que llegue el momento
en el que no recuerde esta vida
de la que a menudo reniego.
Al aroma de las cosas buenas me he acostumbrado,
hazlas morir todas conmigo,
como conminas al cuerpo
a dejarlo sumido en tu seno.

Esquivo la muerte

No llegar a ninguna conclusión,
soltarme de todas las cosas es lo único
que me induce el sueño.
Esquivo a la muerte como pez en el agua
que no distingue la voz que le habla.

Lo que me sujeta

Qué fuerte aquello que me llama y cuán débil lo que me sujeta.

El dolor que señala mi dedo

Quise aguantar la mirada sobre ti,
nada hice más que eso,
sin esperanza de verte te descubrí,
sin poder decirle a nadie lo que sentí.

Estás para cubrir el hueco al que siempre miro
y del que nada saco,
estás para soportar el dolor que señala mi dedo,
reinas en un lugar donde no hay descanso,
tienes ojos de hombre mas no miras a ninguno;
si pudieras pensar en mí haciendo que me rechazas...
Has perdido la pintura que pusimos sobre ti
con cuidado de seleccionar bien los colores,
tu cuerpo sigue intacto y aguanta los golpes con dignidad,
te he vuelto a dejar en ese lugar al que no llego
y pongo voz a tu silencio cada vez que te miro.

LO QUE EN MÍ YA TENGO

Tu cruz de brazos me obsequia con la luz,
mi cortejo ciego sigue el son de tu paso
tan sincero y tan claro
que siento entero tu vaporoso pasar de largo,
tan colmado, tan luengo,
que noto llenárseme las manos
cuando con las rodillas toco el suelo.
Sin ti no marcho
y sin mí no encuentro,
¿por qué te hablo?
Lo que digo entierro,
encierro diurno de tu jardín secreto.

¿Dónde habré de buscar
lo que en mí ya tengo?

LO QUE SE CANTA

Tiene a veces tan poco valor lo que se canta
que algunos le cantan a la nada.
Apartaré de mi boca,
en el último instante de mi cuerpo,
lo que de mil maneras amé en esta vida.

QUE TENGO QUE CALLAR

A veces me digo que tengo que callar,
que no conviene decir la verdad,
pero de momento aparezco con la frase que sangraba,
el corazón tranquilo
y la vergüenza al descubierto,
cierta felicidad al descubrir la preocupación
en los ojos de mi enemigo.
Es el odio que digo no tenerle.

Ser bueno a través de la palabra,
la mentira y el ingenio.

93

Lo dijo Apolo
pero bien podría haberlo dicho
cualquiera de los nuestros.
Olvido los grandes nombres del pasado
para que sus hazañas reluzcan en mi pecho.
He aniquilado en mí
a los protagonistas de lo ajeno.
A sus padres guardo
los restos de sus cuerpos.
Ya nadie volverá a llorar sus memorias.

El infierno

Cada uno labra en vida
su pequeña parcela del infierno.
Es la tranquilidad que nos ofrece
volver a encontrarnos todos juntos
cualquier día de estos.

DILE QUE ENTRE

Dile que entre y se siente a la mesa,
que arrime la silla
y me abaste de ciencia,
que me mire con elevados ojos
cuando sorba la sopa de mi plato.
Quiero ver cómo quema sus labios
y aguanta el dolor ferviente que le traigo.

El único testigo

Es el dolor el único testigo que me mantiene derecho.

Mientras tanto

¿Qué ha estado haciendo la muerte mientras tanto?
Escuchando el lamento consentido de su amado.

ESTE ANGUSTIOSO REZO

¿Piensas en mí cuando estás ebrio y alegre?
¿Podrás escuchar la verdad que temo contar
y aún seguir de pie sin decir nada?
¿Podré acaso decir
una mínima parte de lo que sé
cuando mi voz se ausente,
no seré un títere tuyo
otra vez,
tendré que volver a soplar los pasos de mi fortuna?
¿Y entonces qué recibiré de ti
más que un trampantojo descabezado al anochecer?
¿Acaso amar tu figura
no es entonar este angustioso rezo?
¿Dónde está tu arrogancia,
por qué no nos muestras tu herida?

¿Acaso habrá alguien detrás tuya
que quiera responder a mis preguntas?

¿Dónde encallaron tus dictados
cuando a la mar los soltaste
aguardando verlos morir algún día?

QUE NO ALCANZO

Escucho cantar al ruiseñor
en un lugar de mi espalda
que no alcanzo a tocar con las manos;
aun cuando no pueda advertirlo
y tenga el alma ocupada,
me siguen de cerca sus trinos,
endereza el viento sus alas,
me adorna ese silencio suyo
con el que siempre me habla.

Temo la postura torcida de las ramas hurañas
por si pudieran herir su delicado cuerpo.
Arrostra un ruido confuso
su plumaje escarlata;
su peine, agudo broche que desentreteje,
que desnuda y lo desarma.

Río arriba

No me siento a mí
cuando tocas cualquier parte de mi cuerpo,
siento tan solo
tu delicado atrevimiento.
Así me es imposible
diferenciar
lo que soy yo del resto.

Si permitieras desocupar mi peso
en tu vientre ondulado y esbelto
no podría entornar los ojos,
tendría que sostenerlos muertos.

Si tuviera que abandonar el lecho,
río arriba, donde gime el ciervo,
tendría que abastecer mi marcha
en tu fecundo arroyo de invierno
y parecer de una vez solemne,
en continuo descenso.

Terminaría diseminado a tu gloria
donde se juntan los ríos muertos.
Tengo miedo a llegar,
tocarte
y que no seas vivo.

¿Habré yo de ocupar tu lugar?
No poca ansia dejaste en mi corazón.

EL ESPOSO

Me ha dejado marchar el esposo,
no existe inocencia que ahora quisiera guardar,
¿cómo ha podido soltarse de mí,
tan cerca que lo tenía?
En verdad que a despecho lo voy a seguir amando,
aunque no lo quiera ver ni escuchar.

Hoy no podría soportar saber
que fui fruto de un día
y que en su mano estuvo poder impedirlo.
¿Cómo ha podido pensar que sería feliz ajeno a él?

VESTIDO DE NEGRO

Vamos a verlo caer rendido en la arena,
vamos a ver a Dios vestido de negro,
con el bruñido celeste de cuerpo entero,
saliva condena que le cubra la cara
y que en breve lo cercene en seco.

Vamos a cubrir su cuerpo
con un chorro de vino nuevo
celebrando el aciago final.
«Olés» del pueblo lo han de matar.

El sol ha marcado el día
en la mancha del albero.
Tápale los ojos porque deje de mirar.
Ya quedan menos cementerios de arena
en esta terrible ciudad.

Como si tuviera sueño

¡Con qué orgullo subía a tu alcoba!,
paraba de vez en cuando con los dedos entre las hojas.
Me tuve que contentar con el único y aciago final,
fue dulce mirarte a los ojos
como si quisieras llevarme contigo.
¡He nacido contigo, contigo me he de encontrar!
Por mucho que agarraras mi cuerpo
vencido no se tenía más,
me viste caer a tus pies
con la victoria hecha un nudo.

¿Cómo podría demostrarte que te creo?
Poniendo sobre mis hombros
tu ocluso manto de lana,
brazo ligero que siga el recorrido soberano del agua.

Eres arroyo y procesión sonora de la que bebo.
Mantén las luces y las sombras
¿encendidas, apagadas?
Paciente espero el ocaso de las lluvias.
Deja que despierte y pueda verlo.
Entonces podré quedarme dormido
como si tuviera sueño.

CRISTO DE MADERA

Vivo encerrado en mí
con el atuendo de un Cristo de madera,
duermo de pie con la luz de una vida nueva,
miro siempre desde el otero del dolor;
lo veo todo pequeño y como de paso,
con hambre pretérita sobre los hombros,
me mueve una lumbre en los codos
que endereza mi camino,
duermo de lado
con sincero desgaste y cansancio
y nada me es suficiente
si en ello no te reconozco.

Que amanezca en mí tu vigía
y sepa darle descanso,
que presurosa se entorne la noche
y pueda huir del quebranto
de una vida que no se termina.

El hombre

Dios ha creado al hombre
para tener una opinión diferente de sí mismo.

EL ALMA DESDE FUERA

En los rostros que amo
la luz incide con suma fuerza,
como si les asistiera el alma desde fuera.
Tienen aquella edad en la que los dejaste a su merced.
Tienen culpa y miedo a perecer.

Las mismas palabras

Todos los hombres pronuncian las mismas palabras,
pero acentúan partes distintas.
Por eso no se entienden.

Por sí mismo

Hay cosas que escucho decir a la gente
que presiento haber dicho yo mismo esta mañana.
Ellos y yo somos producto de lo mismo,
vamos tirando todos juntos de algo
que se mueve por sí mismo.

No estar

He encontrado un fragmento realmente hermoso
que solo a ti puede corresponder;
me he dicho, por favor,
que haya podido más,
que haya podido alargar su voz
hasta encontrar la verdad,
que haya sabido llegar,
que su fuerza me conduzca donde él está,
que sepa seguir, que no tema parar,
que quiera decirme dónde le puedo esperar,
dónde velar su apartado cuerpo,
su discreta voz,
su palpitante no estar.

Un aroma distinto

He pisado lugares
por los que no querría volver a pisar.
Tomé de ellos lo que hoy soy,
no han dejado en mí
ningún signo que me los haga recordar.
Como la hierba pisada se han vuelto a recuperar.
Un aroma distinto ofrecen hoy al mundo.

EL RECRECIDO

Siento el recrecido
de un corazón descansado
que de sí se aleja,
que consigo se conforma,
que a tu fuerza se abandona.

El autor

El autor nunca conoce
el verdadero valor de su obra.
Sin embargo, tiene muy claro
aquello que no es él.
Es en los demás
donde de verdad se reconoce,
porque les asombra.
Ese cobijo que les da,
es el sentido poético y moral
que bastante mal anota.
El autor repara en él
lo que su obra soluciona.

Cosas

Amo de la palabra *cosas*

su vaguedad sonora.

Su generalidad me asombra.

Viste con exactitud

lo que de verdad se ignora.

ÍNDICE